# Bruno H. Weder

# Cyberspace

## Von Platon zum Cybernet

ISBN: 9-781-7308-3738-8

Verlag: KDP

# Inhaltsverzeichnis

# Abstract

Cyberspace - was sich hinter diesem Begriff verbirgt, ist nicht so neu, wie es sich anhört. Zum einen ist es zwar William Gibson mit seinem 1984 veröffentlichten Roman "Neuromancer", der mit dem Wort artistisch umzugehen versteht, aber inhaltlich ist es zum andern schon Platon in der Antike, der dafür mit seinem Nicht-Ort - Outopía - in seiner Ideenlehre berühmt geworden ist. Was es damit in der Jugendliteratur auf sich hat, soll der Aufsatz erhellen.

Vieles, was sich an die Jugendlichen richtet, ist seit jeher mit dem Begriff der Phantasie verbunden. Forderungen richten sich demnach an die Literatur (die hier, wie heute üblich, im weitesten Sinne, d.h. auch in Bezug auf die elektronischen Medien verstanden sein soll, was wiederum bedeutet, dass neben den Printerzeugnissen (Büchern und Zeitschriften) auch Videos und Filme (insbesondere Serien wie etwa „Star Trek" und ähnliche) genauso wie PC – Games und natürlich das Internet mit z.B. den Online – Games wie etwa „World of Warcraft" (WoW; s.u.) mit einbezogen werden).

(Abb.1) *World of Warcraft*

Die Erzeugnisse sollen Kreativität generieren, sollen anregend sein, damit die Jugendlichen ihre Phantasie auch entwickeln und/oder ausbauen könnten. Sie sollen identitätsstiftend sein. Gleichzeitig sollen die Jugendlichen auch unabhängig davon ihre Phantasie entwickeln und auf verwandte Themenkreise kommen, ohne gleich Harry Potter nachahmen zu wollen oder gar zu sein. Kurz: Die Hirnwelt der Jugendlichen ist gefragt: Welten sollen sich aufbauen in den Köpfen des Zielpublikums. Aber Welten sind nicht so einfach strukturiert, sie bestehen schon im Kindesalter aus verschiedenen Räumen, sodass die Vorstellung – eine sehr abstrakte Form mit noch abstrakteren Inhalten – besonders gefordert ist.

Geht man dem Begriff Phantasie nach, finden sich Synonyme wie Einbildungskraft, aber auch Gaukelei schon im Spätmittelalter (vgl. Grimm; dt. WB). Der erste Begriff ist zweifelsohne positiver konnotiert als der zweite; doch deutet der zweite auch auf etwas Spielerisches hin; denn ein Gaukler ist in vielerlei Beziehung ein Künstler. Phantasie könnte, so Leisewitz, auch die Wirklichkeit verdächtig machen. Und bei Ludwig Tieck, für Romantiker nicht weiter erstaunlich, ist es gar gleichgesetzt mit Spuk. Zugleich ist der verjüngende Aspekt nicht zu verleugnen, wie der alte Moor in Schillers „Räubern" (2,3) Amalia versichert: „Deine Phantasien verjüngen mich wieder." Und in Kombination von Gaukelei und Einbildungskraft findet sich bei Gryphius der schöne Vermerk: „Der Liebe Zauberwerk ist tolle Phantasie." Fantasy ist laut Brockhaus eine Gattung, die märchen- und mythenhafte, archaische und fantastische Traumwelten darstellt, die häufig von Elfen, Riesen, Zwergen, Feen oder Dämonen bevölkert sind; im Gegensatz zur Science-Fiction (s.u.) öfter zeitlich rückwärts gewandt und eher technikfeindlich. Beherrschendes Thema ist der ewige Kampf zwischen Gut und Böse, verbunden mit der Möglichkeit der Aussöhnung von Mensch, Natur und Magie. (vgl. dazu: Bibliographisches Institut & F. A. Brockhaus AG, 2005). Eine schöne Synthese von Utopie und Fantasy dürfte in diesem Zusammenhang „Gullivers Reisen" von Jonathan

Swift sein, weil einerseits die bereisten Länder als (Nicht-)Orte vorhanden sind, die andererseits von phantastischen Wesen bewohnt werden. Wollte man den Werdegang charakterisieren, käme vermutlich folgende Strategiekette heraus: Phantasie (eines möglichen Autors) wird beflügelt und findet einen Niederschlag in der *Phantasy*. Durch die Erfindungsgabe, die auf einer wirklichkeitsnahen Erfahrung beruht, kommt es zur *Fiction*. Erfährt diese Fiction eine Bereicherung auf der sachlich-wissenschaftlichen Ebene, nennt man dies letztlich *Science-Fiction*. Mit diesem Werdegang wäre etwa Jules Verne und seine „Reise zum Mond" erklärt; vor allem weil Verne durch extensive Kapitel die Leserinnen und Leser zum eigentlichen Ereignis erklärend hinführt.

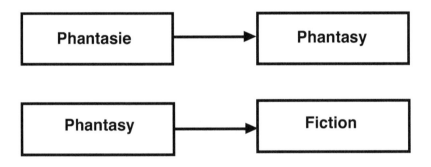

Cyberspace - der virtuelle Raum - ist das aktuelle Schlagwort, das seit einiger Zeit nicht nur in PC – Games, sondern auch in der Jugendliteratur Einzug gehalten hat. Doch nicht alles, was sich neu präsentiert, ist tatsächlich neu. En vogue ist der Cyberspace vielleicht im Medium „Internet", nicht aber die Virtualität an sich. Der Raum, der im menschlichen Hirn aufgebaut wird, lässt sich weit in die Antike zurückverfolgen. Die Idee, sich über gewisse Realitäten Gedanken zu machen, davon Vorstellungen zu haben, sich davon ein Bild zu machen, ist nicht neu. Bereits in diesem Satz sind Begrifflichkeiten enthalten, die seit Jahrhunderten Anlass zu etwelchen Überlegungen geboten haben: Idee, Realität, Gedanken, Vorstellungen, Bild.

„Idee" und „Vorstellung" verweisen auf die Ideenlehre Platons, die in späterer Zeit durch René Descartes und John Locke fortgesetzt wurden. Platon unterscheidet zwei Seinsbereiche innerhalb der sinnlichen Erfahrung: Zum einen den Bereich der sinnlich-vergänglichen, einzelnen („realen") Dinge (mundus sensibilis), zum andern den Bereich des übersinnlichen, beständigen und übereinzelnen („idealen") Wesens und Seins (mundus intelligibilis). Im Höhlengleichnis im siebten Buch seiner „Politeía" entwickelt er die Differenzierungen zwischen Realität, Urbild (etwa dem Göttlichen gleichzusetzen) und Abbild. Alles, was wir wahrnehmen, also für wahr annehmen, ist nicht die Sache an sich, sondern ein Abbild des Seienden. Aufgrund dieser Wahrnehmungen entwickeln wir unsere Vorstellungen. Diese Vorstellungen müssen sich in einem Raum abspielen. Im genannten Höhlengleichnis sind die Schattenwürfe, die die gefesselten Wesen als ihre Realität wahrnehmen, zweidimensional. Wenn wir darüber hinausgehen, so müssen wir die Dreidimensionalität des Raums - den „3-D-Raum" - auch in unserer Vorstellung generieren, wenn es um Beobachtungen geht und wir uns nicht *in re* bewegen.

Wenn wir uns zudem im Räumlichen nur in der Vorstellung, nicht körperlich bewegen wollen, erfinden wir den Raum neu. Es handelt sich dabei um einen nicht wirklich existierenden Ort, einen Nicht - Ort, was wiederum die deutsche Übersetzung des griechischen Begriffs „Outopía" ist. Der Begriff „Outopía" geht auf den Titel eines Buchs von Thomas Morus aus dem Jahre 1516 zurück, das in Tommaso Campanellas „Sonnenstaat" eine Fortsetzung fand. Utopien sind in der Literatur sehr häufig, man denke etwa an Johann Gottfried Schnabels „Die Insel Felsenburg" oder „Kein Ort. Nirgends." von Christa Wolf.

Auf einer großen Utopie basiert der Inhalt des bebilderten Kinder-
buchs „Sadako"

Eleanor Coerr

# SADAKO

ILLUSTRIERT VON
Ed Young

*Altberliner*
Berlin · München

(Abb.2) *Sadako* (Titelbild)

von Eleanor Coerr (Text) und Ed Young (Illustrationen) aus dem Jahr 1993, das auf einer Vorlage von Karl Bruckner aus dem Jahr 1961 beruht.

Sadako, ein japanisches Mädchen, erkrankt zehn Jahre nach dem Abwurf der Atombombe über Hiroshima an der „Atombombenkrankheit", an Leukämie. Nach einem alten Mythos soll Heilung möglich sein, wenn sie tausend Kraniche faltet.

Sie gibt sich ganz dieser Vorstellung hin und faltet und faltet, doch nach 644 Kranichen stirbt sie. Eine Statue

(s.Abb.3) Sadako: *Statue in Hiroshima*

erinnert in Hiroshima an dieses Mädchen, nachdem die Klassen-
kameraden den Rest noch gefaltet haben.

1984 dann, die Jahreszahl weist seit George Orwell („1984") und Aldous Huxley mit seinen Antiutopien schon mythischen Charakter auf, veröffentlichte William Gibson seinen „Neuromancer", eine Romantrilogie, in der der Begriff Cyberspace das erste Mal aufgetaucht ist. „Neuromancer" ist als Begriff eine Kontamination aus dem griechischen „neuron" (Hirnknoten) und „romancer" (Geschichtenerzähler). Gibson versteht diesen künstlichen Raum als gewaltiges Computernetz, das für jedermann zugänglich ist, Inbegriff also für ein Dorf im globalisierten Netz.

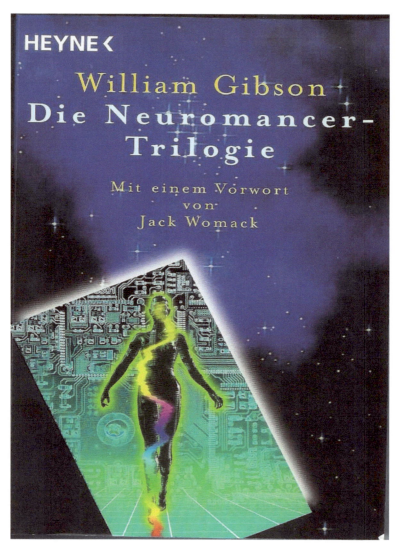

(Abb.4) William Gibson: *Neuromancer*

Laut Gibson braucht es im menschlichen Gehirn ein Interface, einen Neurostecker, der das Hirn mit dem Computer verbindet, womit die konsensuelle Halluzination, also der Eintritt in den Cyberspace zustande kommt. Im Original lautet es so: „Cyberspace. Eine Konsens – Halluzination, tagtäglich erlebt von Milliarden zugriffsberechtigter Nutzer in allen Ländern, von Kindern, denen man mathematische Begriffe erklärt...Eine grafische Wiedergabe von Daten aus den Banken sämtlicher Computer im menschlichen System. Unvorstellbare Komplexität. Lichtzeilen im Nicht – Raum des Verstands, Datencluster und –konstellationen. Wie die zurückweichenden Lichter einer Stadt..." Gibson, Neuromancer S.87.

Es gilt zu beachten, dass Gibson klar von einem *Nicht – Raum*, also der Übersetzung des Begriffs „Outopía" spricht. Oder wie Udo Thiedeke im grundlegenden Werk „Soziologie des Cyberspace" es würziger formuliert: „Cyberspace ist eine neuro-elektronische Erweiterung des Bewusstseins, eine Elektrodroge – Cyberspice." (S.122).

Wird das bisher Gesagte auf die religiöse Ebene übertragen, so ist festzustellen, dass es sich bei Paradies - Hölle - Vorstellungen genau so um einen virtuellen Raum handelt. Ob es sich dabei ebenfalls umschreiben lässt als „Nicht – Ort des Verstands", wie Gibson dies erwähnt,  ist eine andere Frage, je nachdem, wie man Verstand definieren mag, worauf an dieser Stelle nicht weiter eingegangen werden soll.

Es wurde demnach schon früher mit solchen virtuellen Räumen gehandelt und in der christlichen Ikonographie zum Beispiel sogar in Simultaneität dargestellt, wie das Bild eines Weltgerichts des Zürcher Nelkenmeisters um 1500:

(s.Abb.5) *Partikulargericht* (Zürcher Nelkenmeister um 1500)

21

zum Ausdruck bringt: Der Erzengel Michael mit Schwert und Waage (die Zeichen der Gerichtsbarkeit) soll an Stelle des Weltenrichters Christus, der erst am Jüngsten Tag zu Gericht sitzen wird, im Partialgericht über die Sünden der Menschen urteilen. Er wird sie je nach Schwere allenfalls ins Fegefeuer verweisen. Als Vertreter des virtuellen Raums der Hölle kämpfen etwelche Kobolde um die Seele des Menschen in der Waagschale, wobei sie nicht davor zurückschrecken, auch Mühlsteine und andere Gerätschaften einzusetzen, um ein Ungleichgewicht herzustellen. Die weitere Darstellung verdeutlicht, dass bereits in der frühen Neuzeit mittels wissenschaftlicher Instrumente Räume (hier ein Mensch im Fegefeuer) vorgegaukelt wurden (die Ähnlichkeit mit Platons Schattenwürfen ist frappant!), um den Leuten einzuheizen, damit Sie ihren Ablass bezahlten, um einige Tage weniger Fegefeuer genießen zu müssen,

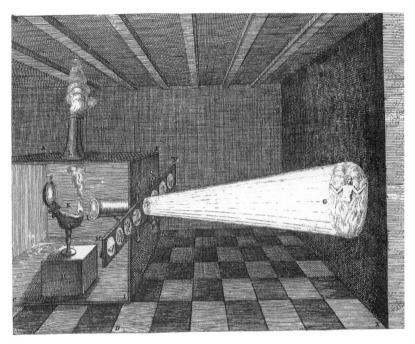

(s.Abb.6) *Fegefeuer* Athanasius Kircher, 1678

wie die Abbildung von Athanasius Kircher aus dem Jahr 1678 belegt.

Die Vorstellungen, wie sich solche Räume gestalten, hat die Phantasie der Menschen seit dem Altertum beschäftigt. Margaret Wertheim formuliert den Vergleich der biblischen Vorstellungen mit dem Cyberspace treffend: „Wir haben hier eine neue Verpackung des alten Gedankens vom Himmel, aber in einem säkularen, technologisch akzeptierten Format. Das *vollkommene* Reich warte auf uns, heißt es, nicht hinter der Himmelstür, sondern jenseits der Netz-Zugänge, hinter den elektronischen Türen mit den Aufschriften ».com«, ».net« und ».edu«."

Margaret Wertheim in „Die Himmelstür zum Cyberspace" S.13

Soweit einmal die grundsätzlichen Überlegungen. Wie zeigt sich das ganze Phänomen in der Jugendliteratur? Wie Hans – Heino Ewers (vgl. dazu „Geschichte der deutschen Kinder- und Jugendliteratur" von Reiner Wild, S.458) treffend bemerkt, handelt es sich beim Jugendbuch dieser Themenausrichtung eher um eine inhaltliche Bezugnahme auf die neuen Medien, wobei er etwa unterscheidet zwischen *Computer- und Internetkrimis* oder *Cyberspace- und virtual reality – Romanen*. Der Vielschreiber Andreas Schlüter z.B., der auf seiner Homepage (www.aschlueter.de) von sich sagt, dass er alle drei bis vier Monate einen neuen Roman verfasst, ist zwar einer der ersten Jugendbuchautoren, die dieses Thema beackerten, aber hat den Cyberspace eigentlich nur als Staffage verwendet. In seinen Büchern, die er mit dem Zeichen „Level4" (in den PC – Games gibt es unterschiedliche Geschicklichkeitsstufen, die man erreichen kann) kennzeichnet, ist alles, was mit dem Computer zusammenhängt, nur Transportäußerlichkeit für die Handlungen. Die Handelnden sind in allen Level4 – Büchern die Kinder Jennifer, Miriam, Frank, Ben und Kolja. Und nur, wer alle Hardcover – Ausgaben besitzt, verfügt auch über das puzzleartig zusammengesetzte Vollbild. Wenn in „Die Stadt der Kinder"

(Abb.7) Andreas Schlüter: *Die Stadt der Kinder*

der Junge Ben sich über ein Computerspiel plötzlich in dieser Stadt der Kinder wieder findet, so ist es im Grunde lediglich die Beschreibung des Computerspiels. Dies wird verdeutlicht durch das Zitat S.110: „Alles wie im Computerspiel **Die Stadt der Kinder!**" Ben hat noch nie den höchsten Level des Spiels erreicht. Als er es wieder einmal versucht, sind alle Erwachsenen verschwunden. Die genannten Kinder erleben nun diverse Abenteuer in der Stadt ohne Erwachsene, eben in der Stadt der Kinder. Doch am Ende nimmt ihnen niemand die Geschichte, die sie erlebt haben wollen, ab. Auch Bens Mutter lacht ihren Sohn aus, wie auch die Eltern von Jennifer ihre Tochter nicht ernst nehmen, als sie von den Erlebnissen erzählt.

Im Fortsetzungsroman „Zurück in der Stadt der Kinder" ist es noch offensichtlicher. Es wird gar nicht mehr erst von den ganzen Nöten gesprochen, vielmehr ist der Transfer in die Stadt der Kinder schon im zweiten Kapitel perfekt. Der Roman folgt dem Muster, wie es Erich Kästner bereits in „Emil und die Detektive" (dem ersten Großstadtroman) vorgezeichnet hat. Nur mit dem Unterschied, dass die Situation durch das Computergame gesteuert ist. Um die Spannung gegen das Ende hin zu erhöhen, arbeitet Schlüter mit dem ablaufenden Uhrwerk, wie wir es sattsam von den James Bond – Filmen her kennen: Noch 28 Minuten und 30 Sekunden. Die Auflösung der Story kommt ebenso überraschend wie auch unvermittelt. Eine Putzfrau tritt in den Raum des Bürgermeisters, womit die Erwachsenenwelt wiederhergestellt zu sein scheint. Nach diesem Muster gestrickt sind praktisch alle Schlüter

- Level4 - Romane, spannend geschrieben, aber nur eigentliche Staffage. Die neuen Medien als Hilfsmittel. Die Ausgangslage, dass alle Menschen verschwunden sind und nur einer überlebt hat, wirkt viel glaubwürdiger und mysteriöser in Herbert Rosendorfers Roman „Großes Solo für Anton", weil es gerade dort keiner Erklärung für dieses Mysteriöse bedarf.

Zwar ist das Hilfsmittel neue Medien auch im www.penthesilea-pro-jekt.de

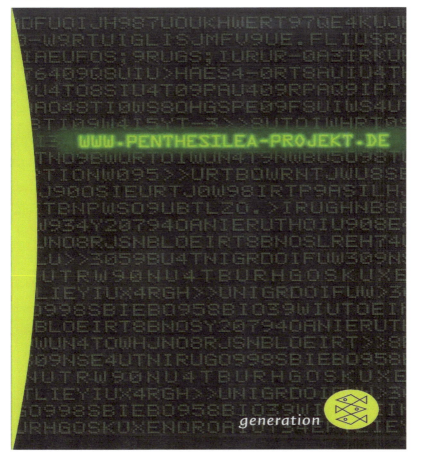

(Abb.8) Renate Günzel – Horatz: *www.pentheslea-projekt.de*

angesiedelt, aber durch die Vielfalt der Figurenführung und die Ver-
mischung von Realität und virtueller Realität wesentlich raffinierter gehalten.

Es geht um die Chats, die von Jugendlichen geführt werden. Das
Projekt ist insofern bemerkenswert, weil der Roman von Renate Günzel – Horatz, der Autorin des sehr lesenswerten Romans „Hannah", in
Zusammenarbeit mit einer Gymnasialklasse, also Leuten, die sozusa-
gen mit Chats aufgewachsen sind, und deren Lehrer Manfred Schäfer
entstanden ist. Aus wechselnder Perspektive werden die beiden Realitäten der Leserschaft näher gebracht. Die Raffinesse besteht einerseits darin, dass nicht nur mit dem Spiel der versteckten Identität ge-
arbeitet wird. Wer weiß jeweils, welches Geschlecht tatsächlich hinter
einem Nickname steckt.

„In seinem abgedunkelten Zimmer vor dem fast flimmerfreien 19-
Zoll-Bildschirm hockend, erschienen ihm die Nicks realer als die Menschen seiner Umgebung. Was wusste er schon von denen? Doch nur
das, was sie von sich sehen ließen. Die coole Fassade eben. Und das
war auch in Ordnung so. Er selbst machte es ja nicht anders."
[www.penthesilea-projekt.de](www.penthesilea-projekt.de); S.90

Anna Frederes hat eine allein erziehende Mutter, die, wie es sich
herausstellt, manisch depressiv ist. Und sie hat ziemlich viele der Prob-
leme, die eben Jugendliche in ihrem Alter haben: Beziehungsknatsch,

Schulschwierigkeiten, Finanzlöcher usw. Dadurch wird eine Identifikation der Leserinnen (eher als der Leser, obwohl in einzelnen Kapiteln
auch aus männlicher Perspektive berichtet wird) ermöglicht. Vor allem
bleibt das Geschehen bis zum Schluss überraschend bis tragisch,
auch wenn zwischenzeitlich Hoffnungslosigkeit und Zuversicht einan-
der ablösen. Und gerade hier in Bezug auf die verschiedenen Camouf-
lage – Prinzipien, die offensichtlich völlig der nicht virtuellen Realität
entsprechen, wäre der Wunsch vieler Jugendlicher mit Peter Handkes
Kaspar verbunden, der immer wieder in Varianten von sich sagt: „Ich
möchte einmal einer sein, der ein anderer vor mir gewesen ist."

Raffinierter verfährt Frank Stieper in seinem Roman „Cybernet City".

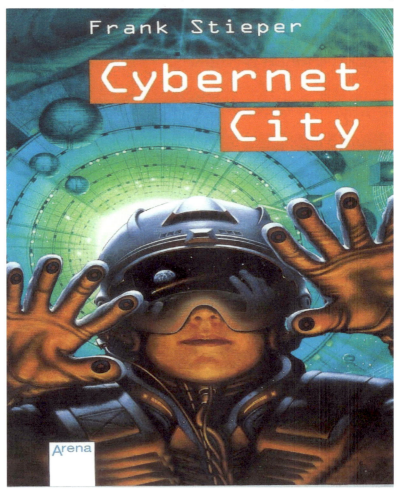

(Abb.9) Frank Stieper: *CybernetCity*

Alex, Mark und Jana dringen in ein altes Militärgelände ein, wo sie einen Raum vorfinden, der umschrieben ist als „Taktische Simulation". Indem sie sich eine Identität verschaffen, was sie durch die Inbetriebnahme der Cyberhelme und –handschuhe erreichen, ist es ihnen möglich, in die virtuelle Welt einzudringen. Neal Stephenson hat dafür den Begriff „Avatar" (dieser findet hier auch Verwendung) für seinen Roman „Snow crash" erfunden. Der Begriff geht auf das Sanskritwort *avatara* zurück, was mit „Herabkunft" umschrieben werden kann. In der virtuellen Welt ist damit die Darstellung des Benutzers als animierte Person verstanden. In den indischen Religionen war dies die Verkörperung eines Gottes auf Erden.

Ein erstes Abenteuer erlebt Alex mit einer atemberaubenden Flugsimulation die virtuelle Welt als eigentliche Realität. Ein Vorgeschmack dessen, was nachher sich bis zur tödlichen Gefahr steigern soll; denn Mark will weit mehr wissen.

„Mark tippt auf den nach rechts weisenden Pfeil. In unglaublicher Präzision und mit von der Realität kaum zu unterscheidender Genauigkeit wendet sich die scheinbar mitten in einem Regenwald aufgestellte virtuelle Kamera sanft nach rechts." Frank Stieper; Cybernet City; S.24

Er lässt sich ein auf die Jagd und Eliminierung eines so genannten Cycos, also auf ein CycoHunting. Die Ebene wechselt und die Leserschaft erfährt etwas über das japanische Unternehmen Cybernet Corporation in Tokyo, das weltweit das Projekt CybernetCity propagiert und verkauft. Noch während die Produktevorstellung für zwei amerikanische Interessenten läuft, gibt es Alarm, weil der Spaß, den sich Mark macht, als Hacker - Angriff gedeutet wird, worauf sich der Chefingenieur der Firma persönlich auf die Jagd nach dem Hacker macht. Doch endet dieses Hunting für den Chefingenieur, Herrn Itoh, tödlich.

„Da befinden sie sich nun in einer unbekannten Stadt auf dem Weg zu einem unbekannten Ort, um einen ihnen noch unbekannten, aber überaus gefährlichen Gegner zu erledigen. Und das alles spielt sich allein in ihren Köpfen ab, während sich ihre Körper in einem kleinen Raum eines verlassenen Militärgebäudes befinden." Frank Stieper; Cybernet City; S.185

Durch einen Trick schaffen es Jana und Mark dann doch, dem tödlichen System zu entkommen, und finden sich wieder in der ihnen eigenen Realität. In diesem Roman wird die VRML verwendet, Abkürzung für „Virtual Reality Modelling Language". Übersetzen könnte man dies mit „Sprache zur Gestaltung virtueller Welten". Gemeint ist die Simulation dreidimensionaler Räume mit interaktiver Benutzungsmöglichkeit. Eingriffe sind demnach möglich. Eine solche Verwendung findet auch im Alltag in den 3-D-Chats oder in virtuellen Kaufhäusern, die wir besuchen können, statt.

Spannend an der ganzen Anlage, wie sich dies im Verlaufe des Romans immer mehr verdeutlicht, ist die Tatsache, dass Stieper den Jugendlichen auch die zunehmende Identifizierung des eigenen Unbewussten mit der virtuellen Realität näher bringt, indem Mark mit Hilfe von Jana seine eigene Vergangenheit zu bewältigen lernt; denn vieles, was er „erlebt", hat mit seinen Erfahrungen in der Kindheit zu tun (vgl. dazu Zitat aus Gibsons „Cyberspace"). Und in Bezug auf Jana gälte es noch zu erwähnen, dass sie zwar anfänglich durchaus einer Klischee-vorstellung entspricht, die eine Abwehrhaltung gegenüber dem Tech-nischen an den Tag legt, aber letztlich beherzt in das Geschehen ein-greift und Mark sehr aktiv interaktiv zum glücklichen Ende verhilft.

Noch einmal eine andere Ausgangssituation wählt Thomas Fuchs in seinem Roman „Post aus der Zukunft", der dann abgeändert worden ist in den wirksameren Titel „Warnung aus der Zukunft".

(Abb.10) Thomas Fuchs: *Warnung aus der Zukunft*

Intendiert ist vorab die Idee der Zeitreise, was eher einem SF – Element entspräche. Die Zeitreise gibt es grundsätzlich vorwärts oder rückwärts. Vorwärts meint von einem Zeitpunkt aus der Vergangenheit in die heutige Zeit, wie es etwa Herbert Rosendorfer in „Briefe in die chinesische Vergangenheit" umgesetzt hat, wo er einen Chinesen aus der Ming – Zeit ins heutige Min-chen, also München, reisen lässt. Dieser Chinese schreibt dann zurück in die Vergangenheit und berichtet seinem damaligen Freund von den Verrücktheiten des 20. Jahrhunderts. Oder vorwärts hieße, jemand macht eine Zeitreise von heute in die Zukunft, was wir auch bei Stiepers Roman haben, wenn es dort heißt: „Wir schreiben das Jahr 2089." Oder Andreas Schlüters Level4 – Roman „2049", worin durch ein Gehirnscanning 1999 eine Versetzung um 50 Jahre erfolgt. Rückwärts hieße, dass es sich um einen Aktanten in der Zukunft handelt, der auf die unmittelbare Gegenwart einwirkt. Eine interessante Variante einer solchen SF – Story bietet der Altmeister Arthur C. Clarke mit seiner Erzählung „Der Stern" (Original „The Star"), in der er bereits durch den ersten Satz Spannung zu verschaffen weiß: „Bis zum Vatikan sind es dreitausend Lichtjahre." Er liefert am Ende eine verblüffende Erklärung zur Entstehung der Legende des Sterns von Betlehem.

Bei Fuchs geht es eher darum, das Geschichtsverständnis zu wecken. Er nimmt die Tatsache des Reichtagsbrands aus dem Jahr 1933 zum Anlass, als Marinus van der Lubbe dafür verantwortlich gemacht wurde, diesen angezündet zu haben. In der Gegenwart soll unter Versammlung höchster internationaler politischer Präsenz ein erneuter Anschlag stattfinden. Sven erhält aus der Zukunft Mails, die ihn darauf drängen, dieses Attentat zu verhindern, damit nicht dieselbe Entwicklung einträte, wie sie sich 1933 angebahnt hatte. Unter der Mithilfe von Jonny und Solveigh entwickelt sich das Geschehen, wobei die Erklärungsversuche am Ende eher auf eine Verlegenheitslösung hindeuten. Das Buch bringt immerhin eine - kriminaltechnisch interessante - Variante ins Spiel: Wie sich das Versenden von Mail - Botschaften und die Identifikation mit ihren Inhalten gestalten könnte. Dabei wird auf die technische Seite hingewiesen, was mit *BIOS*, also „basic input and output system", alles angerichtet und manipuliert werden könnte. Weniger Verlegenheitslösung, aber denselben Ansatzpunkt liefern etwa Alfred Hitchcocks Film „Der Mann, der zuviel wusste" und Max Frischs Drama „Biografie. Ein Spiel.".

*Online – Spiel als Beispiel für den virtuellen Spiel – Raum*

„World of Warcraft" (abgekürzt WoW)

(Abb.11) WoW: *Mekkatorque*

heißt das seit Februar 2005 im Netz zugängliche Online – Spiel, in dem die einzelnen Teilnehmer (weniger –innen) vereint kämpfen, bauen, Handel betreiben und ihre Levels hochzuschrauben versuchen. Dabei wird eine ganze Welt mit ihrer weit reichenden Geschichte neu aufgebaut, einerseits als *Phantasy* durch die Bevölkerung mit Gnomen, Trolls und Orks etc., andererseits als *Fiction*; denn es wird veritabel mit - im Gegensatz zu vielen PC – Games – eher altertümlich zu nennenden Gegenständen (demnach auch Zeitreise) gekämpft. Vieles mutet an wie eine Mischung von Harry Potter, Herr der Ringe und Asterix; aber halt alles Online, nicht mehr für einen einsamen Einzelkämpfer, sondern im Verbund mit X-Tausenden andern im Netz. Originalzitat: „Die Story von World of Warcraft spielt 4 Jahre nach den Geschehnissen in Warcraft III, wo die Rassen Azeroths ihre durch Krieg verwüsteten Königreiche langsam wieder aufzubauen beginnen. Dem Spieler fällt nun die Rolle zu, neu aufgetauchte Gefahren, aber auch dunkle Geheimnisse der Vergangenheit zu bekämpfen bzw. aufzudecken." Auch hier haben wir es mit dem Spiel „Gut - Böse" zu tun, und alle, die mitspielen (allein in Deutschland haben sich laut „Spiegel" innerhalb von 24 Stunden nach Aufschaltung mehr als 280'000 beworben; denn erst muss ein satter Kaufpreis, anschließend ein nicht billiges Monatsabo geleistet werden). Dann kann man sich in die Geschichte einlassen: „Alles begann im Jahre 559 mit der Geburt des Medivh, Sohn von Aegwyn, der letzten Hüterin des Ordens von Tirisfal. Dieser Orden machte es sich zur Aufgabe die Menschen vor der Großen Dunkelheit zu schützen. Sie waren mit Göttern gleichzusetzen und bekämpften mit aller Kraft die dunklen Mächte des Sogs der Unterwelt.

Ihre Kraft und ihre Lebenserwartung war gewaltig. Doch die Hüter hatten eine Bürde: sie durften sich nicht in menschliche Angelegenheiten einmischen."

Anstelle der Chats und der Foren wird jetzt häufig - nicht nur von Jugendlichen - öffentlich Tagebuch geführt im Netz (wobei auch sehr informative Sparten vorhanden sind). Weblog ist ein Kunstwort, das sich aus Web und log (Tagebuch) zusammensetzt. Man nennt sie verkürzt auch Blogs, und die Personen, die diese führen, sind Blogger. Bloggen ist das Verb dazu. Die Welt, in der sich diese Blogger bewegen, wird Blogosphäre (http://www.blogger.de) genannt. Es handelt sich dabei um eine Einwegkommunikation, im Gegensatz zu den Chats, die synchron in privaten und halbprivaten Räumen geführt werden. Aber die Tagebücher können von allen eingesehen und jederzeit ohne technische Hürde kommentiert werden. Zudem werden sie etwa von Google automatisch indexiert, womit sie von Surfern relativ einfach ausfindig gemacht werden können. Bereits 1998 hatte Rainald Goetz über ein Jahr im Internet Tagebuch geführt. Das Resultat ist auch in Buchform erschienen: „Abfall für alle" heißt der bezeichnende Titel.

42

(Abb.12) Rainald Goetz: *Abfall für alle*

*Anhang*

## Quellenverzeichnis

**Quellen**

Campanella, Tommaso: Sonnenstaat. Reinbek b. Hamburg. Rowohlt 1960.

Clarke, Arthur C.: Der Stern. London: Wireless World 1945.

Frisch, Max: Biographie - ein Spiel. Frankfurt a.M.: Suhrkamp 1967.

Leisewitz, Johann Anton: Julius von Tarent. Stuttgart: Reclam 1965.

Morus, Thomas: Utopía. Reinbek b. Hamburg: Rowohlt 1960.

Platon: Der Staat. Zürich: Artemis 1974.

Rosendorfer, Herbert: Großes Solo für Anton. Zürich: Diogenes 1976.

Rosendorfer, Herbert: Briefe in die chinesische Vergangenheit. München: Nymphenburger 1995.

Wolf, Christa: Kein Ort. Nirgends. Berlin (DDR): Der Morgen 1979.


**Primärliteratur**

Coerr, Eleanor (Text)/Young, Ed (Ill.):Sadako, Berlin: Altberliner 1995.

Fuchs, Thomas: Warnung aus der Zukunft. Stuttgarr: Thienemann 2001.

44

Gibson. William: Die Neuromancer-Trilogie, München: Heyne 2000.

Goetz, Rainald: Abfall für alle. Frankfurt a.M. Suhrkarnp 1999.

Günzel-Horatz, Renate: www.penthesilea-projekt.de . Frankfurt a.M.: Fischer 2005.

Schlüter, Andreas: 2049. Würzburg. Arena 2003.

Schlüter, Andreas: Die Stadt der Kinder. Würzburg Arena 2004.

Schlüter, Andreas: Zurück in der Stadt der Kinder: Würzburg. Arena 2004.

Stephenson, Neal: Snow crash, München: Goldmann 1995.

Stieper, Frank: CybernetCity. Würzburg Arena 2000.


**Sekundärliteratur**

Ewers, Hans-Heino: Die Neunziger Jahre. In: Wild, Reiner (Hrsg.): Geschichte der deutschen Kinder- und Jugendliteratur. Stuttgart: Metzler 2. erg. Aufl. 2002. S.455-463.

Thiedeke, Udo (Hrsg.): Soziologie des Cyberspace. Wiesbaden: Verlag für Sozialwissenschaften 2004.

Weder, Bruno H.: Cyberspace in der Jugendliteratur. Zürich: PHZH-Akzente 2005.

Wertheim. Margaret: Die Himmelstür zum Cyberspace: München: Piper 2002.


**Internet:** http://www.worldofwarcraft.com/ abegrufen 22.1.2005

Dieser Essay ist erstmals erschienen in:

Cyberspace; Zur Geschichte des virtuellen Raums von Platon zum Cybernet; Lexikon für Kinder- und Jugendliteratur; Meitingen (Corian) 2005

Anschließend erschien er als E-Book:

Cyberspace; Zur Geschichte des virtuellen Raums von Platon zum Cybernet; München (Bookrix) 2015

## Biogramm

Weder, Bruno H.: geb. 1947 in Berneck im St.Galler Rheintal. Studium der Germanistik, Allgemeinen Geschichte und Schweizer Geschichte an der Universität Zürich. Daneben Violin- (René Armbruster) und Kompositionsausbildung (Paul Müller) an der Musikakademie in Zürich. Promotion. Wissenschaftliche Publikationen und Lehrmittel in verschiedenen Verlagen und Lexika. Tätig gewesen als Professor für Deutsche Literatur an der Pädagogischen Hochschule sowie Lehrbeauftragter am Deutschen Seminar der Universität Zürich.

Seit 2010 freiberuflich als Autor tätig.

Lesung aus dem Roman
*Nina und Der Auserwählte* 2017

www.ingramcontent.com/pod-product-compliance
Lightning Source LLC
La Vergne TN
LVHW072050060326
832903LV00053B/317